© 2022, Muse Créative

Édition : BoD – Books on Demand, info@bod.fr

Impression : BoD – Books on Demand, In de Tarpen 42, 22848 Norderstedt (Allemagne)
Impression à la demande
ISBN: 978-2-3220-3867-1
Dépôt légal : Janvier 2023

MIXTE
Papier issu de sources responsables
Paper from responsible sources
FSC® C105338